T0143679

Printed in the USA
CPSIA information can be obtained
at www.ICGtesting.com
JSHW060048150824
68134JS00031B/2671

9 781681 150079

The Alef-Bet of Blessing

Rabbi Paul Yedwab

BEHRMAN HOUSE

www.behrmanhouse.com

Visit www.behrmanhouse.com/ABB
to hear *The Alef-Bet of Blessing* pages read aloud.

Published by Behrman House, Inc.
Millburn, New Jersey 07041
www.behrmanhouse.com

ISBN 978-1-68115-007-9

The publisher gratefully acknowledges the following sources of images:
Cover: Shutterstock: Semanche (stick figures)
Interior: Shutterstock: Semanche (stick figures); Anastacia Trapeznikova
(challah, ritual objects); Good Ware (fireworks); Abdullayev Ilham (grapes); karakotsya (crown);
Andre Adams (ghosts); Kudryasuka (sheep); Vector Sun (mezuzah); nubenamo (rainbow, lightning);
aliraspberry (apple, pear, strawberry); Keep Calm and Vector (candles).

Printed in the United States of America

For Wendy,
the Alef and Bet of all my blessings.

And in memory of my parents,
Myra and Rabbi Stanley Yedwab,
who taught me the alphabet
of Jewish education through their
constant and loving example.

INTRODUCTION

For many people, learning to decode Hebrew is as excruciating as memorizing the times tables in math. While it is relatively easy to memorize the sounds of the first several letters in any Hebrew primer, the latter letters of the *alef-bet* are practiced less often and thus more difficult to retain. Context also affects retention. Learners need a framework into which they can place their newly acquired knowledge.

The Alef-Bet of Blessing solves both of these challenges by presenting the Hebrew letters in the order of the blessing formula, well-known to many: *Baruch Atah Adonai Eloheinu Melech ha'olam. . . .* Not only have many beginning Hebrew students already memorized this blessing formula, they know what it means. More than half of the Hebrew letters are in that blessing formula, making it easier for learners to file those letters into their decoding memory banks and to retain them there. This leaves only a few of the remaining letters to be "memorized."

This also give beginners an immediate appreciation for the power of these Hebrew letters—they form blessings! Furthermore, many families will find an immediate use for their new-found knowledge, whether blessing the candles, wine, or challah at their Shabbat or holiday tables.

This is the reason for the title of this primer—not only because it is organized according to the Hebrew blessing formula, but also because this unique organizational structure will most certainly be a blessing for anyone seeking to learn the Hebrew letters for the very first time.

Our study of Hebrew begins with a blessing:

בָּרוּךְ אַתָּה יְיָ

Let's learn to read it together.

We read Hebrew from right to left, ⇐ בָּרוּךְ ⇐,
so the first letter of our blessing is

בּ

Bet

which has the sound of "B" as in **B**lessing.

Circle the בּ wherever you find it in this paragraph from our prayer book. Pronounce the "B" sound each time.

אֱלֹהַי, נְשָׁמָה שֶׁנָּתַתָּ בִּי טְהוֹרָה הִיא! אַתָּה בְּרָאתָהּ,
אַתָּה יְצַרְתָּהּ, אַתָּה נְפַחְתָּהּ בִּי, וְאַתָּה מְשַׁמְּרָהּ בְּקִרְבִּי.
כָּל־זְמַן שֶׁהַנְּשָׁמָה בְּקִרְבִּי, מוֹדֶה אֲנִי לְפָנֶיךָ, יְיָ אֱלֹהַי
וֵאלֹהֵי אֲבוֹתַי, רִבּוֹן כָּל־הַמַּעֲשִׂים, אֲדוֹן כָּל־
הַנְּשָׁמוֹת.
בָּרוּךְ אַתָּה, יְיָ, אֲשֶׁר בְּיָדוֹ נֶפֶשׁ כָּל־חָי, וְרוּחַ
כָּל־בְּשַׂר־אִישׁ.

בָּרוּךְ אַתָּה יְיָ

Now we will learn our first vowel sound. In Hebrew,
vowels are written above, below, before, or after
a consonant. Our first vowel, found under the בּ, is

Kamatz

which has the sound of "ah" as in Shabbat.

Like English, Hebrew is read in an orderly way:
consonant, vowel, consonant, vowel, consonant, vowel, etc.

So when you combine the בּ and the ⬜ you get the sound "Bah."

Read this line: בָּ   בָּ   בָּ   בָּ

בָּרוּךְ אַתָּה יְיָ

ר

Reish

has the sound of "R" as in **R**osh Hashanah.

Read these sounds: 1. רָ רָ רָ רָ

2. רָ בָּ רָבָּ בָּרָ בָּר רָ בָּ

3. רָבּ בָּר בָּרָ רָבָּ רָר רָבָּר בָּרָר

4. בָּבָּ רָרָ בָּבָּרָ רָ בָּ בָּר רָבָּבָּר

בָּרוּךְ אַתָּה יְיָ

וּ

Shuruk

is a vowel which has the sound of “oo” as in M**oo**n or “u” as in Shav**u**ot.

1. בּוּ בּוּ בּוּ בּוּ

2. בּוּ רוּ רוּ בּוּ בּוּ

3. בּוּר רָבָּ בָּרוּ רוּבּוּ בָּרָ

4. רָבּוּ רָבּוּר בָּבּוּר רוּר בָּרוּר

5. וּרָבּוּ בָּרוּ בָּרוּר בָּבּוּר וּרָבּוּר

6. בּוּר בּוּרוּ וּרָבּוּר רָבּוּ בּוּרוּ

Read the six lines above. How many times did you read the sound “Boo”?

בָּרוּךְ אַתָּה יְיָ

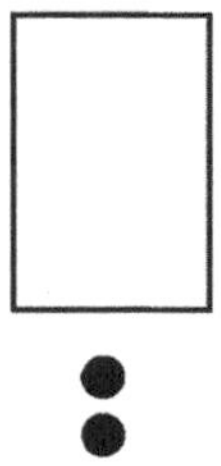

Sheva

is a vowel which has almost no sound,
the smallest sound you can make.
It sounds like "i" as in M**i**dst.

1. בְּ   רְ   בְּ   בְּרוּ   רְבּוּ   בְּרוּר

Sheva can also be a placeholder
and has no sound at all at the end of a syllable.

בָּר = בָּרְ

2. בָּרְ   בָּרְבָּר   בָּרְבּוּר   בָּרְבּוּ

3. בָּרְבָּר   בָּרְבּוּר   בְּבָּרְבָּר   בְּבָּרְבּוּר

Read these three lines:

4. רְבָּר   רְבּוּר   בָּרוּר   בָּרְבּוּר   רוּבָּר   רוּבָּב

5. בָּרְבָּרְ   בְּרוּרָ   וּרְבּוּ   רָבְּ   בָּר   בָּרְ

6. בְּ   רְ   בּוּרְ   רוּר   בָּרוּ   בְּרוּ

בָּרוּךְ אַתָּה יְיָ

Final Chaf
(appears only at the end of a word)

כ ך

Chaf

have the guttural sound of "Ch" as in **Ch**anukah.
This sound is made deep in your throat.

1. כָ   כָ   כוּ   כוּ   כָ
2. בָּךְ   רָךְ   כָךְ   בְּךָ   רָךָ
3. בְּכָךְ   רוּךָ   בּוּךָ   רוּר   רוּךְ
4. בְּכוּר   בָּכוּר   רָבּוּךְ   רוּבָּךְ   רְבּוּךָ
5. בָּרוּר   בּוּרְךָ   בָּרְכוּ   רָבּוּ   בָּכְרָךְ
6. בָּרָךְ   בְּרָךְ   בָּרְכוּ   בְּבּוּרְךָ   בְּךָ

בָּרוּךְ אַתָּה יְיָ

בָּרוּךְ

Mazal tov! You have just learned your first Hebrew word!

בָּרוּךְ means blessed.

We bless God for those things that make our lives special.
Take a moment now to list ten blessings in your life.

Count your blessings:

1. ____

2. ____

3. ____

4. ____

5. ____

6. ____

7. ____

8. ____

9. ____

10. ____

בָּרוּךְ אַתָּה יְיָ

א

Alef

has no sound of its own. It takes the sound of its vowel.

1. אָ אוּ בָּא רָא בְּאוּ
2. אָךְ אָר רָא בָּרוּךְ בָּאָ
3. בּוּר אוּר בָּאוּ אָרוּר בְּאוּר
4. בָּאוּר אָרְבּוּ בָּרָא רָאוּךְ בָּרְכוּ
5. אָרוּךְ אָרוּךְ אָבְךְ בָּרוּךְ בָּרָא
6. בְּאָ בְּאוּ בְּאוּרָא בָּאוּר אָרוּבָּא

בָּרוּךְ אַתָּה יְיָ

Patach

is a vowel which, like the ָ , also has the sound of "ah" as in Sh**a**bb**a**t.

1. רַ   בַּ   כַ   אַ   אוּ
2. אַךְ   בַּר   בַּךְ   כַר   רַךְ
3. בְּךָ   בָּרָא   אָרַכָא   בַּרְךָ
4. רוּךָ   רַבְּךָ   בְּאוֹר   רְבַּךְ   אַרְבָּא
5. אַרוּךְ   בָּכַר   אַרְבּוּ   בַּרוּ   וּרַכוּ
6. אָרַךְ   בְּאָרַךְ   רָאוּ   אַרְאַךְ

בָּרוּךְ אַתָּה יְיָ

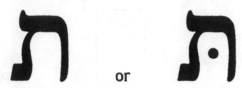

ת or תּ Tav

has the sound of "T" as in **T**orah.

1. תָ תַּ תְ תַ תּוּ תָ תְּ

2. תּוּ תּוּר בַּת תּוּת רוּת

3. תָּבּוּר רוּבַּת בְּתּוּר בְּאוּר אַתְּ

4. בָּכַר תָּבַּךְ תּוּרְךְ תַּרְבּוּר

5. תָּבַּת בָּתְּרָא אַרְבַּת תְּרָאוּ תַּת

6. תְּרָכוּ תּוּרָא אָתּוּר אַבָּאוּ תְּכָרוּ

בָּרוּךְ אַתָּה יְיָ

ה

Hei

has the sound of "H" as in **H**aggadah.

(Like the "h," ה has no sound at the end of a word.)

1. הָ   הַ   הוֹ   הַ   הָהוֹ
2. הָר   הַרָה   בָּה   בַּת   בַּה
3. רַבָּה   בְּהָר   תּוֹר   תּוֹרָה   הָבָּא
4. אָבָּה   הָרָה   בְּכָה   רָכַה   בּוֹרָה
5. תָּהוֹר   תּוֹרְךָ   הַבָּכָה   בְּכוֹרָה   בָּאָה
6. הָבָּאָה   בְּרָכָה   הַבְּרָכָה   בָּהָרָה

בָּרוּךְ אַתָּה יְיָ

אַתָּה

YOU

Write a poem or a paragraph about YOU.

_____

_____

_____

_____

_____

_____

_____

_____

בָּרוּךְ אַתָּה יְיָ

י

Yod

has the sound of "Y" as in **Y**om Kippur.

1. יָ יַ יְ יַ יוּ

2. יַךְ יָךְ יַר יָה יָבָּ

3. יָאָה יְרָךְ יָכַר יוּכָר

4. יָרָה יָבּוּ יַרְבּוּ יַרְכּוּ

ַי

has the sound of "Eye."

5. בַּי אַי תַּי רַי רַבַּי

6. בָּרַי בָּכַי רְבַּי בּוּרַי

בָּרוּךְ אַתָּה יְיָ

יְיָ

We do not know how the ancient name of GOD was pronounced,
and so we abbreviate it as:

יהוה or יְיָ

When we see these "code" lettters for God's name, we read Adonai

(Adonai sounds like ah-doe-n-eye.)

Draw a line from each Hebrew word to its English translation:

Lord (Adonai)   בָּרוּךְ

Blessed   אַתָּה

You   יְיָ

BLESSED ARE YOU, ADONAI...

1. בָּרַי רַבַּי יְרָכַי בְּכוּרַי אָבַי אַי

2. הַי יָה הַיָה הַי יוּ הָיוּ

3. בָּרָךְ הַר הָר הָרְ בְּךְ הָרְבְּךְ

4. יָבַּךְ רַבְּךְ יָרוּךְ אָרוּכָה יָבּוּךְ

5. אַתָּה בָּרוּךְ יְיָ הַיָה יְרוּךְ

6. בָּהַי בְּהָרַי אַרְבְּךְ תַּרְ תַּרְבּוּת

7. רְ בְּ כוּ רְבְּכוּ רָכוּת

8. יַר בְּ כָה יֲרְבְּכָה יְרָבְּךְ

9. אָתָרָה אַתָּרַי אוּרַי בְּאוּר תּוּרְךְ

בָּרוּךְ אַתָּה יְיָ אֱלֹהֵינוּ מֶלֶךְ הָעוֹלָם

◌ֶ Segol

is a vowel which has the sound of "Eh" as in **E**trog.

1. בֶּ רֶ יֶ הֶ תֶּ כֶ
2. רֶב בֶּת אֶרֶךְ תֶּת בֶּךְ
3. רֶכֶת תֶּכֶת תֶּרֶת בֶּרֶת
4. הַרֶכֶת אַרְבֶּה אַרְבָּה הַרְבֶּה
5. יַרְבֶּה אָרְכֶה אָרֶכֶת תָּבָכֶת
6. בּוֹרְאךְ הָרֶכֶת בָּרְכוּ בֶּרֶךְ בַּרְךְ

Note: ◌ֱ = ◌ֶ (Chataf Segol sounds like the Segol)

בֱּ=בֶּ

בָּרוּךְ אַתָּה יְיָ אֱלֹהֵינוּ מֶלֶךְ הָעוֹלָם

ל

Lamed

has the sound of "L" as in **L**ulav.

1. לֶ   לָ   לַ   לְ   לוּ   אֱ
2. תַּל   תּוּל   לוּךְ   לוּל   לַבַּת
3. תָּלוּ   בָּבוּל   לְרַבָּה   אַרְבֶּל   אֱל
4. לֶכֶת   בֶּרֶל   תּוֹרַת   בָּרְכוּ   אֱלֹהַ
5. הָלֶכֶת   הַלָכָה   הָלַךְ   הַלָךְ   לְלֶכֶת
6. בּוּלָךְ   בְּהַר   תַּרְבּוּת   בָּרוּךְ   אַתָּה
7. תַּלֶךְ   בַּלֶכֶת   תֶּלְכוּ   בְּלַכַּת   לְאַלְתַּר

בָּרוּךְ אַתָּה יְיָ אֱלֹהֵינוּ מֶלֶךְ הָעוֹלָם

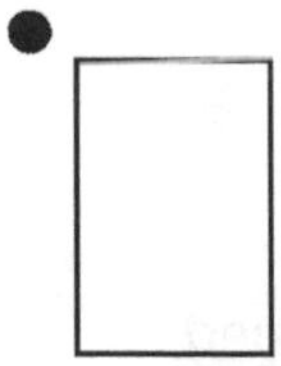

or וֹ Cholam

has the sound of “oh” as in Afik**o**man.

1. בּוֹ אוֹ תּוֹ הוֹ הוּ אוּ
2. בֹּ אֹ לֹ תֹּ הֹ לוֹ לוּ
3. רוֹל תּוֹר בֹּר בּוֹא רוּת
4. אוֹר אֹר בְּכוֹר בּוֹרַת תּוֹרָה
5. תּוֹרוֹת אֹרוֹת יוּבַּל בּוּבּוֹת אֱלוּל
6. יֹרְבּוֹת הוֹרָאוֹת יַלְתּוּת אֹרְלוֹת אֱלָה
7. בְּכֹרוֹת בְּכוֹרֹת לוֹת בּוּל רוֹאֶה
8. אַרוּךְ אָרוּכָה לָאַרוּךְ אֱרְבּוּל בֶּרֶךְ

בָּרוּךְ אַתָּה יְיָ אֱלֹהֵינוּ מֶלֶךְ הָעוֹלָם

Tzeirei ֵ or ֵי

has the sound of "ay" as in Pr**ay**.

1. בֵּ אֵ הֵ תֵּ יֵ
2. רֵי כֵי הֵי לֵי בֵּי
3. תֵּת בֵּית בֵּיתוֹ לֵילוֹת לֵךְ
4. לֵאָה בּוֹרֵר יוֹאֵל תְּכֵלָה
5. יַרְבֶּה רַכֵל הָלוֹךְ תֵּלֵךְ לֵךְ
6. אֹהֶל בְּאֹהֶל לְאֹהֶל אוֹהֶלֶת
7. בֵּיתָה בַּיתָה בְּלֹא אוֹרֵךְ אַרֵךְ

בָּרוּךְ אַתָּה יְיָ אֱלֹהֵינוּ מֶלֶךְ הָעוֹלָם

Final Nun **ן נ** Nun

have the sound of "N" as in **N**ew Year.

1. נֹ נָ נֵ נֶ נוּ נוֹ נוּן
2. בֶּן בֵּין לוּן הוֹן נֹא נוּן
3. בָּרוֹן נוֹתֵן רְנָנָה נוֹתֶנֶת אֱלֹהַי
4. בַּנָנָה הַבְּנַנוֹת לְהַכֵן לְתַכְנֵן לְהַלָן
5. הַבָּרוֹן תְכֹנֶן בַּתֹרֶן לָכֵן לָהֶן
6. אֶל אֱל לֹ לוֹ הֵי הֵין נוּ

and...

אֱלֹהֵינוּ

OUR GOD

בָּרוּךְ אַתָּה יְיָ אֱלֹהֵינוּ מֶלֶךְ הָעוֹלָם

Final Mem **ם** **מ** Mem

have the sound of "M" as in **M**itzvah.

1. מַ מֵ מֶ מְ מַי מֵי מוֹ מוּ
2. מֶם מֵם בָּם לֵם רֶם מוּ מוּם
3. מוּתַר מָרַת תֵּמַן הֵימַן לְמַאֵן
4. לַמּוּם בַּמֶּה רוּבָּם יוֹרָם בֵּירוּת
5. נֵלֵךְ נֵלְכָה הַלּוֹם תֶּלֶם לְכֶם
6. מְלָאכָה מְלָאָה תֶּרֶם תְּרוּמָה נֶאֱמָן
7. הַרְמוֹן בַּהַי רַבֹּתַי רַמְבָּן הַנָּאָה

בָּרוּךְ אַתָּה יְיָ אֱלֹהֵינוּ מֶלֶךְ הָעוֹלָם

מֶלֶךְ

KING or RULER

Translate these words:

_____	בָּרוּךְ
_____	אַתָּה
_____	יְיָ
_____	אֱלֹהֵינוּ
_____	מֶלֶךְ

בָּרוּךְ אַתָּה יְיָ אֱלֹהֵינוּ מֶלֶךְ הָעוֹלָם

ע

Ayin

like א has no sound of its own.
It takes the sound of its vowel.

1. עָ עַ עֵ עוֹ עֶ עַי עֵי עֱ
2. עָל עֹל רַע עֹר בֶּע עָם
3. עָלָה עֹלֶה עוֹלָה עוֹר נֶעֱלַם
4. עָרַם מֵעֹר רֹעֶה עוֹלָם עֱנוּת
5. אֱלוּל עַכְבָּר מוֹרֶה מוֹרָה עָלוּ
6. נָעֳמָה עָנָן נֹעַם לְמַעַן לְמַעַנְךָ

בָּרוּךְ אַתָּה יְיָ אֱלֹהֵינוּ מֶלֶךְ הָעוֹלָם

הָעוֹלָם

THE WORLD or UNIVERSE

The words in the phrase below are not in the correct order.

הָעוֹלָם אַתָּה אֱלֹהֵינוּ מֶלֶךְ יְיָ בָּרוּךְ

Correct the order and translate the phrase:

___

___

___

Mazal Tov!

Now you can read:

בָּרוּךְ אַתָּה יְיָ אֱלֹהֵינוּ מֶלֶךְ הָעוֹלָם

Blessed are You, Adonai our God, Ruler of the universe...

These words begin most blessings.

Now write three blessings of your own:

Blessed are You, Adonai our God, Ruler of the universe, who...

1. _____

2. _____

3. _____

בּוֹרֵא

who CREATES

Can you name three things that God creates?

Blessed are You, Adonai our God, Ruler of the universe, who creates...

1. _____

2. _____

3. _____

1. הוּ יוֹ לֹ עוֹל תֶּלֶם רֹתֶם עוֹמֵר

2. בְּךְ בָּךְ עוֹרְךְ אֹרֶךְ הֶעָם אָמֵן

3. נֹעַם נְאוּם אֱלֹהֵיכֶם עָלַי עוֹלָם

4. אַרְבַּע אַרְבָּעָה עָלֵינוּ עֲלֵיכֶן עוֹלֶה

5. מְלָאכָה בַּמֶּה רוֹמְמוּ הוֹלֵךְ הוֹלֶכֶת

6. תַּי וּמְתַי בּוֹכֶה אוֹתָם אוֹתְכֶם

7. אוֹתָנוּ וּמוֹרָה הַרָן יוֹרָם אַי יְיָ

8. נֵלֶךְ תּוֹרָה וּמַתָּן מַתָּנָה אֲלֵיכֶן

9. נָתַן לָנוּ אֶת תּוֹרָתוֹ אֱמֶת

10. בָּרוּךְ אַתָּה יְיָ אֱלֹהֵינוּ מֶלֶךְ הָעוֹלָם

בָּרוּךְ אַתָּה יְיָ אֱלֹהֵינוּ מֶלֶךְ הָעוֹלָם
בּוֹרֵא פְּרִי הַגָּפֶן

פּ

Pei

has the sound of "P" as in **P**assover.

1. פָּ פַּ פּוֹ פּוּ פֵּי פַּי פֹּ פְּ

2. פֶּן בֶּן פַּת פַּר פָּךְ פֵּין

3. פָּרוּ מַפָּה וּמַפָּה פּוּר פָּרַת

4. אַבָּא פַּרְעֹה פַּעַם מַפָּם לְפַּרָן

5. פּוֹעֵל פּוּעָל פֹּעַל אָמֵן פָּרוֹכֶת

6. פָּרָה פֵּרוֹת בְּרוּרָה בְּרֵירָה פָּנַי

7. לְעָם מַפַּתְךְ מַפֵּכָה הָאָרֹכָה פַּרְפֶּרֶת

בָּרוּךְ אַתָּה יְיָ אֱלֹהֵינוּ מֶלֶךְ הָעוֹלָם
בּוֹרֵא פְּרִי הַגָּפֶן

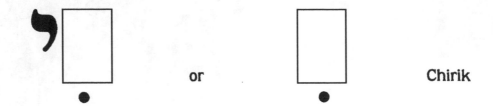

ִי or ִ Chirik

is a vowel which has the sound of "ee" as in Queen.

1. לִ לִי פִּ רִ מִי בִּי הִ אִי
2. עִם עִמִּי אוּרִי אֵלִי לִבִּי
3. בַּי יִת בַּיִת בֵּית אַי יִל אַיִל
4. עִיתוֹן רִמּוֹן רַבִּים בְּכוֹרִים הוֹרִים
5. אֵילִים עֹלָמִים רֹעִים פְּעָלִים רִימוֹן
6. מַיִם בַּמַּיִם אַרְבָּעִים מִלּוּאִים לִמּוֹן
7. לְאוּמִּי עוֹלִים אֹרְכִים פְּרָכִים פּוּרִים

בָּרוּךְ אַתָּה יְיָ אֱלֹהֵינוּ מֶלֶךְ הָעוֹלָם
בּוֹרֵא פְּרִי הַגָּפֶן

פְּרִי

FRUIT

Draw a line from each Hebrew word to its English translation:

בָּרוּךְ אַתָּה יְיָ אֱלֹהֵינוּ מֶלֶךְ
הָעוֹלָם בּוֹרֵא פְּרִי

ADONAI THE WORLD WHO CREATES BLESSED KING

YOU FRUIT OUR GOD

בָּרוּךְ אַתָּה יְיָ אֱלֹהֵינוּ מֶלֶךְ הָעוֹלָם
בּוֹרֵא פְּרִי הַגָּפֶן

ג

Gimel

has the sound of “g” as in Ha**gg**adah.

1. גִ גִי גַ גָ גֵ גוּ גוֹ
2. גָן גַר גֹר גַם גֵרְךְ גַנֵךְ הַגָן
3. עוּגָה עֹגֵן גָרוּ פְּלוֹנִי גוֹנֵן
4. פְּלוּגָה פֶּלֶג הַגָרִים הַגָמָל גֵרוּת
5. גֵרְךְ גִבָה גֵאֶה גָלוּת בָּרָא
6. גָאַל תֵימָן בּוֹכִים הוֹרֵג בּוֹנִים
7. גָאוֹן גוֹמֵל גְמָלִים מָגֵן לִגְמֹר

בָּרוּךְ אַתָּה יְיָ אֱלֹהֵינוּ מֶלֶךְ הָעוֹלָם
בּוֹרֵא פְּרִי הַגָּפֶן

Final Fei **ף** **פ** Fei

have the sound of “f” as in Afikoman.

1. פֶ פֵ פֹ פוּ פְ פוֹ פַ פֵי פִי

2. נֹף אַף עֹף גוּף תֹּף אֲגַף רוֹפֵף

3. רֶפֶת הֶרֶף עוֹפֵף מְפוֹאָר לְפַרְעֹה

4. נָפַל נִפְלוּ גַפְרוּר הַלָּף פְּלוּגִים פָּנִים

5. פַּנַיִךְ לְפָנַי אֶגְרוֹף תּוֹרְךָ פְּעָמִים נִפְעַל

6. הִפְעַל לְרוֹפֵף רוֹפֵא מִרְפָּאָה רְפוּאָה

7. אָלֶף אַלּוּף הַנּוֹף אָרוּךְ נוֹפֵף בְּאַף

בָּרוּךְ אַתָּה יְיָ אֱלֹהֵינוּ מֶלֶךְ הָעוֹלָם
בּוֹרֵא פְּרִי הַגָּפֶן

הַגָּפֶן

THE VINE

Fill in the translation in the line provided to the left of each phrase:

_______________________________ בָּרוּךְ אַתָּה

_______________________________ יְיָ אֱלֹהֵינוּ

_______________________________ מֶלֶךְ הָעוֹלָם

_______________________________ בּוֹרֵא פְּרִי הַגָּפֶן

Kol Hakavod! Congratulations!

You have just learned your first blessing:

the Kiddush or the blessing over the wine.

בָּרוּךְ אַתָּה יְיָ אֱלֹהֵינוּ

Blessed are You, Adonai our God,

מֶלֶךְ הָעוֹלָם

Ruler of the universe,

בּוֹרֵא פְּרִי הַגָּפֶן

Creator of the fruit of the vine.

**Now raise your cup,
say your new blessing,**

בָּרוּךְ אַתָּה יְיָ אֱלֹהֵינוּ מֶלֶךְ הָעוֹלָם
בּוֹרֵא פְּרִי הַגָּפֶן

and drink

Lechayim

to life!

יוֹפִי That was great! Now let's learn a new בְּרָכָה

– a new blessing – together.

בָּרוּךְ אַתָּה יְיָ אֱלֹהֵינוּ מֶלֶךְ הָעוֹלָם
הַמּוֹצִיא לֶחֶם מִן הָאָרֶץ

Final Tzadi **ץ** **צ** Tzadi

have the sound of "Tz" as in **Tz**edakah.

1. צָ צַ צֵ צֶ צֵי צַי צִי צוֹ צוּ
2. עֵץ עַץ רָץ רוּץ בּוֹץ תָּרוּץ
3. צֹם צָמֵא צֹר צוּרָה עֵץ עָף עֹף
4. בְּצוֹם לְפָרֵץ לִפְרוֹץ פּוֹצֵץ בְּעֶצֶם
5. רוֹצֶה צֹאן לָעֵץ עַצָמוֹת עַצְמָאוּת

who BRINGS FORTH = הַמּוֹצִיא

בָּרוּךְ אַתָּה יְיָ אֱלֹהֵינוּ מֶלֶךְ הָעוֹלָם
הַמּוֹצִיא לֶ**חֶ**ם מִן הָאָרֶץ

ח

Chet

has the same guttural sound as כ.
It sounds like "Ch" as in **Ch**alah.

1. חֹ חֵי חָ חַי חֶ חִ חוֹ חִי חֱ הֱ
2. רַח נָח חֹם חָם הֶם חוּץ חוֹל הֹל
3. חָרָן חֹף חֵץ חוֹץ רָחַץ חָלוּץ
4. חַלוּצִים בְּרָצוֹן חֲצִיל חָצִיף חָתִיךְ
5. רָחֵל רַחֲמִים רֶחֶם חָתַף חֲתַפָּה
6. חֲלִיצָה צַלַחַת צֹהֶלֶת חַי יִם חַיִּים
7. חֲלוֹם תֶּכֶף הָעֶגֶל גִלְךְ תַּחֲנָה הַתִּפַּח

חַ

When a Patach appears under a Chet at the end of a word, it is

pronounced **אַח** instead of **חַ**.

1. רֵחַ רֵיחַ לוּחַ יָרֵחַ פּוֹתֵחַ רוּחַ
2. רוֹצֵחַ תִּרְצַח רְצוּחַ בְּתוֹךְ לַחַץ
3. מְנֹחַ מְנוֹאַח מְנוּךְ מְנוּחָה צְנוּחַ
4. תַּפּוּחַ פּוֹתֵחַ מֵנִיחַ צוֹמֵחַ לְהוֹכִיחַ
5. מֹחַ לְהִתְ פַּתֵּחַ לְהִתְפַּתֵּחַ פְּתוּחָה
6. בָּרוּךְ אַתָּה יְיָ אֱלֹהֵינוּ מֶלֶךְ
7. הָעוֹלָם הַמּוֹצִיא לֶחֶם מִן הָאָרֶץ

יוֹפִי Wonderful! You have just read your second בְּרָכָה

הַמּוֹצִיא or the blessing over the bread.

בָּרוּךְ אַתָּה יְיָ אֱלֹהֵינוּ מֶלֶךְ הָעוֹלָם
הַמּוֹצִיא לֶחֶם מִן הָאָרֶץ

Circle any words you do not know in the blessing above.
Now unscramble the English words to find out what the words mean:

R D B A E ______________________ לֶחֶם

R M O F ______________________ מִן

H E T ______________________ הָ

H R T A E ______________________ אֶרֶץ

Now let's join together to recite the blessing over the bread.

בָּרוּךְ אַתָּה יְיָ אֱלֹהֵינוּ מֶלֶךְ הָעוֹלָם
הַמּוֹצִיא לֶחֶם מִן הָאָרֶץ

Blessed are You, Adonai our God, Ruler of the universe,
who brings forth bread from the earth.

1. אֶצְבַּע רַחֵץ תָּרוּץ פּוֹרֵץ לִפְרֹץ
2. נֹחַ הֵנִיחַ מִנְחָה חָצִיץ רוּחַ רוּחָה
3. לֶךְ לְךָ צֹן צוֹן צֹאן צֹם צָמֵא
4. יָפֶה יֶפֶת יַפְתְּ יָאֶה יָגִיעַ
5. גָּמַרְתִּי גָּמַרְתָּ גָּמַרְתְּ גְּמַרְתֶּן גָּמְרוּ
6. נִפְעַל הִפְעִיל הִתְפַּעֵל פּוּעַל הוּפְעַל
7. חַי חַיִּים בַּיִת בֵּית אַיִל
8. בּוֹכֶה חוֹכֶה בַּעָה חֲיָלִים
9. מֶלֶךְ צוּרְךָ רוֹצֵחַ רַחֲמִים יְנַחֵם
10. אָמַרְתְּ פִּלְפֵּל מְלָכִים לֶחֶם

בָּרוּךְ אַתָּה יְיָ אֱלֹהֵינוּ מֶלֶךְ הָעוֹלָם
אֲשֶׁר קִדְּשָׁנוּ בְּמִצְוֹתָיו וְצִוָּנוּ

שׁ

Shin

has the sound of "Sh" as in **Sh**abbat.

1. שְׁ שִׁ שֶׁ שֵׁ שֵׁי שִׁי שׁוּ שׁוֹ
2. שָׁר שֵׁם שִׁין שׁוּם שַׁץ שֶׁלֶךְ שׁוּף
3. שִׁיר שָׁרִים שַׁלֵּם לָשׁוֹן שָׁנָה שֹׁרֶשׁ
4. שָׁלוֹם שְׁלֵימִים שְׁכֶם שִׁבּוּר בּוּשָׁה
5. מִתְבֲּיֵשׁ מִתְרָחֵץ מִתְבֲּיֶשֶׁת רָשָׁע מֹשֶׁה

Note: ◌ֲ = ◌ַ (Chataf Patach sounds like the Patach)

בֲּ=בַּ

THAT or WHO = אֲשֶׁר

בָּרוּךְ אַתָּה יְיָ אֱלֹהֵינוּ מֶלֶךְ הָעוֹלָם
אֲשֶׁר קִדְּשָׁנוּ בְּמִצְוֹתָיו וְצִוָּנוּ

ק

Kof

has the sound of "K" as in **K**iddush.

1. קָ קַ קֶ קוּ קוֹ קִי קַי קְ קִי
2. קַר קֹר קַשׁ קָם קוֹץ קוּף תַּקֵּן
3. לְתַקֵּן תַּקָּנָה תִּקּוּן יָקוּם יָפֶה קוֹשִׁי
4. קַי יָם קַיָּם קֶשֶׁת בֹּקֶר רָחוֹק
5. קֶרֶן מָכוֹן מְכוֹנִית קַיֶּמֶת שׁוֹשׁ שׁוֹשַׁנָּה
6. פּוֹרֵץ צָפוֹן נֶגְבָּה צַלַּחַת לֶקַח יִצְחָק
7. לִקְרַאת לִפְרוֹץ קוֹנִים לִקְנוֹת תָּקוּמִי

The dot to the right of the שׁ can do "double duty" and serve as a cholam if there is no other vowel, so that מֹשֶׁה = Mosheh

בָּרוּךְ אַתָּה יְיָ אֱלֹהֵינוּ מֶלֶךְ הָעוֹלָם
אֲשֶׁר קִדְּשָׁנוּ בְּמִצְוֹתָיו וְצִוָּנוּ

ד

Dalet

has the sound of "D" as in **D**avid.

1. דִ דֵ דְ דָ דַ דֹ דוּ דֵ דֶ
2. דַן דָל לֹד דֶשֶׁא דֹר דַקָה דַף
3. דְרַשׁ לִדְרֹשׁ לְדֹר חֶדֶר חֲדָרִים דֶגֶל
4. צֶדֶק תִּרְדֹּף צַדִיק צְדָקָה לְהַצִיץ אֲשֶׁר
5. עוֹד דַרְשָׁן גָדוֹל גְדוֹלִים דַגֵשׁ אֲגָדָה
6. מִדְרָשׁ אֱנוֹשׁ דָרוֹם קֶדֶם קָדִימָה
7. דַרְגָן גַמָד בְּגָדִים קְדוּשָׁה מִקְדָשׁ

Circle the three Hebrew letters (consonants) that these words have in common.

holy קָדוֹשׁ

holiness קְדוּשָּׁה

made us holy – sanctified us קִדְּשָׁנוּ

To be holy (קָדוֹשׁ) means to be set apart.

People can be קָדוֹשׁ.

People can be special.

List five things that make you קָדוֹשׁ:

1. ______________________________

2. ______________________________

3. ______________________________

4. ______________________________

5. ______________________________

בָּרוּךְ אַתָּה יְיָ אֱלֹהֵינוּ מֶלֶךְ הָעוֹלָם
אֲשֶׁר קִדְּשָׁנוּ בְּמִצְוֹתָיו וְצִוָּנוּ

ו Vav

has the sound of "v" as in Mitzvah.

1. וָ וַ וֵ וֶ וְ וִ וֹ וֵי
2. וָו ווּ ווֹ צָו צִוָּה הוֹוֶה
3. וְקָם וַתֶּן וְהַדַּג וְהַתּוּר וַעַד
4. רַוָּה רֶוַח רוֹבֵחַ רוֹוֵחַ וְאִילוּ
5. וְלַחַץ וַתִּתֵּן וְהוֹצִיא וּבָהֶם וִילוֹן
6. וִיתֵּר וְכוּלֵי וַתְּרָבִּי וְהַהוֹוֶה וּבַחֲלוֹם
7. וַדָּאוּת וָהֵב וָדֹר וּפְרוֹץ וְהֶחָבֵר

מִצְוָה

מִצְוָה is a difficult word to translate.

It comes from the root word צִוָּה meaning to "command."

So a מִצְוָה is a commandment.

But it is more than that. It is a good deed, an obligation.

It is all that we feel commanded to do by our God and our religion.

ו can also do "double duty" as a וֹ, so

מִצְוֹת = מִצְווֹת = mitzvot (or commandments)

List ten מִצְוֹת that you have done.

1. ______________________________

2. ______________________________

3. ______________________________

4. ______________________________

5. ______________________________

6. ______________________________

7. ______________________________

8. ______________________________

9. ______________________________

10. ______________________________

מִצְוָה

And commanded us = וְצִוָּנוּ

By Your (God's) commandments = בְּמִצְוֹתָיו

Note: תָּיו = תָּו

יָפֶה מְאֹד Very Nice! Now you can bless the Sabbath lights:

בָּרוּךְ אַתָּה יְיָ אֱלֹהֵינוּ מֶלֶךְ הָעוֹלָם אֲשֶׁר
קִדְּשָׁנוּ בְּמִצְוֹתָיו וְצִוָּנוּ לְהַדְלִיק נֵר שֶׁל שַׁבָּת

New Words:

to light	לְהַדְלִיק
candle	נֵר
of	שֶׁל
Sabbath	שַׁבָּת

יָפֶה מְאֹד VERY NICE!

Now you know all these words!

Write the meaning of each word in the space provided:

בָּרוּךְ ______

אַתָּה ______

יְהֹוָה or יְיָ ______

אֱלֹהֵינוּ ______

מֶלֶךְ ______

הָעוֹלָם ______

אֲשֶׁר ______

קִדְּשָׁנוּ ______

בְּמִצְוֹתָיו ______

וְצִוָּנוּ ______

לְהַדְלִיק ______

נֵר ______

שֶׁל ______

שַׁבָּת ______

Now you can translate the Shabbat candle blessing:

בָּרוּךְ אַתָּה יְיָ אֱלֹהֵינוּ מֶלֶךְ הָעוֹלָם אֲשֶׁר
קִדְּשָׁנוּ בְּמִצְוֹתָיו וְצִוָּנוּ לְהַדְלִיק נֵר שֶׁל שַׁבָּת

______

______

1. מִיץ בְּמִץ ווֹת בְּמִצְוֹת תָו

2. תָיו בְּמִצְוֹתָיו וְצִוָּנוּ לְהַדְלִיק קַו

3. לוּחַ לוּחוֹת קָרַח קֶדֶם קְבוּצָה

4. צָרוּת צְרִיחַ צְרִיכָה צְרִיף צֹרֶךְ מֹשֶׁה

5. מַקִיף קוּף שֶׁלְךָ לְתַקֵן תִקוּן תָרַף

6. קֹדֶשׁ שֶׁדִבֵּר דֶגֶל רוֹדֶף צֶדֶק תִרְדוֹף

7. דָגָן דוֹדִי דֹדֶיךָ דוֹדַיִךְ דֹרֵינוּ דַקָה

8. צְרִיף שְׁרִיקָה שָׂרָךְ שֶׁרֶץ שְׁתַיִם

9. יִשְׁתַע יְשַׁרְתָ יִשְׁתוֹק יִרְקֹד רִיקוּד

10. שְׁמַע אֶחָד יְיָ יְהֹוָה יִהְיֶה שַׁדַי

When we bless the festival candles, the blessing is slightly different:

בָּרוּךְ אַתָּה יְיָ אֱלֹהֵינוּ מֶלֶךְ הָעוֹלָם אֲשֶׁר קִדְּשָׁנוּ בְּמִצְוֹתָיו וְצִוָּנוּ לְהַדְלִיק נֵר שֶׁל יוֹם טוֹב

Let's learn it together.
But first we must learn some new letters.

ט

Tet

like ת has the sound of "T" as in **T**orah.

1. טָ טַ טֵ טֶ טִ טְ טֹ
2. טוֹ טֵי טַי מִטָה טוּר חֵית
3. טָעַם טָהַר טַבּוּר טַבָּח טָמֵא טָרַף
4. בְּטֶרֶם טֵרוּף טִלְטוּל לְטַלְטֵל לְטַלְפֵּן
5. רָטוּף פַּטָר עָנַק מַתָנָה חֹטֶם
6. תִּנֹקֶת רָחוֹק שׁוּטַף טַלְיָה מַטְבֵּעַ

בָּרוּךְ אַתָּה יְיָ אֱלֹהֵינוּ מֶלֶךְ הָעוֹלָם אֲשֶׁר קִדְּשָׁנוּ בְּמִצְוֹתָיו וְצִוָּנוּ לְהַדְלִיק נֵר שֶׁל יוֹם טוֹב

ב

Vet

has the sound of the "v" in Havdalah.

1. בֹ בְ בִ בֶ בֵ בֵי בַי בוֹ
2. לֵב לֵבָב רָב חָלָב הַלֵּב נָדָב דוֹב
3. קָרוֹב מַצְחִיק וְעָפָר רָבַךְ שַׁבָר
4. מִתְנַדֵּב דוּבִּי דוּבּוֹן גֶּבֶר דִּבְרֵי
5. קֶבֶר בֹּקֶר שַׁחַר שָׁוֶה שָׁקוּל
6. רוֹבֶה בּוֹרֵא שׁוּבָה שׁוֹבְבוּת מִטְבָּח
7. בַּדָּבָר מִבְרָק הַבְרָקָה עִרְבֵּב רָכַב
8. לְהַבְדִּיל הַבְדָּלָה הֶבְדֵּל שָׁבוּעַ טוֹב

Now you can bless the festival candles:

בָּרוּךְ אַתָּה יְיָ אֱלֹהֵינוּ מֶלֶךְ הָעוֹלָם אֲשֶׁר
קִדְּשָׁנוּ בְּמִצְוֹתָיו וְצִוָּנוּ לְהַדְלִיק נֵר שֶׁל
יוֹם טוֹב

Blessed are You, Adonai our God, Ruler of the universe who sanctifies
us with Your mitzvot, and commands us to kindle
the festival lights.

Name as many Jewish holidays as you can:

_____

_____

_____

_____

_____

_____

**Now see if you can put a star next to those holidays at which the
festival candle blessing is recited.**

1. בּוֹץ רְטִיבוּת מִצְפֶּה לִנְשׁוֹם וִכּוּחַ

2. נֶפֶשׁ הִבְהוּב שָׁכַב טוֹרֵף טְרֵפָה

3. חֶבְרָה חֲבֵרוּת דְּבָרִים בֹּצֶץ גְּנֵבָה

4. טִפְטוּף טַחֲנָה טִיּוּל טִיחַ טִיף

5. חֲטִיבָה לְחַיִּים חֵטְא חֲטוֹטֶרֶת

6. הֶחֱלִיט קֶשֶׁת חֲלוּצָה הֶחָלוּץ חִלּוּף

7. אֱלֹהֵי אַבְרָהָם יִצְחָק יַעֲקֹב וֵאלֹהֵי

8. וְאָהַבְתָּ לְבָבְךָ נַפְשְׁךָ מְאֹדֶךָ אָנֹכִי

9. מְצַוְּךָ בְּשִׁבְתְּךָ וּבְלֶכְתְּךָ וּבְשָׁכְבְּךָ

10. וּבְקוּמֶךָ לְטֹטָפוֹת אֱלֹהֵיכֶם אֱמֶת

בָּרוּךְ אַתָּה יְיָ אֱלֹהֵינוּ מֶלֶךְ הָעוֹלָם אֲשֶׁר
קִדְּשָׁנוּ בְּמִצְוֹתָיו וְצִוָּנוּ לְהַדְלִיק נֵר
שֶׁל חֲנֻכָּה

Kubutz

is a vowel which, like וּ, has the sound of "oo" as in m**oo**n or "u" as in Shav**u**ot.

1. לֻ חֻ עֻ הֻ נוּ מֻ צֻ טֻ בֻ קוּ דֻ

2. בֻּץ רֻץ גֻף עוּף אוֹב שֻׁב טֻף

3. וְלֻן תֻּל פֻּעַל רֻךְ רוּחַ חֻפָּה

4. מָלוֹן חָתוּל צֻרָה חֻקַת שִׁירָה טֶבַע

5. שִׁטֻף תִּרְדֹף פִּצֻץ אֲבֻקָה רְכֻלָה

6. לַחַץ מֻנַח קֻבּוּץ שׁוּרוּק חִירִיק

7. מְכִירָה שָׁבַץ אָנֹכִי מְתֻיָל טִיּוּלִים

בָּרוּךְ אַתָּה יְיָ אֱלֹהֵינוּ מֶלֶךְ הָעוֹלָם אֲשֶׁר
קִדְּשָׁנוּ בְּמִצְוֹתָיו וְצִוָּנוּ לְהַדְלִיק נֵר
שֶׁל חֲנֻכָּה

כּ

Kaf

like ק has the sound of "k" as in Chanu**k**ah.

1. כָּ כַּ כֵּ כֶּ כְּ כֻּ כֹּ כַּי
2. כֹּר כֵּן כַּד כֹּה כַּב כַּף כִּכָּר
3. בַּכָּר בַּכָּר בַּחֲר בְּהַר בַּתֹּר בָּתוֹר
4. בַּטּוּר בַּטֶּר כֶּלֶב הַכַּלָּה עָצוּב וֶרֶד
5. שָׁוָה שְׁבָא שִׁבְעָה מַעֲרָב גְּנֵבָה
6. כָּבֵד דִּבְרֵי כַּוָּנָה כִּיווּן מִתְכַּוֵּן כַּדּוּר
7. כָּבַשׁ לְהִתְכּוֹנֵן כֹּחַ כּוֹאֵב כּוֹכָב

The blessing over the Chanukah candles:

בָּרוּךְ אַתָּה יְיָ אֱלֹהֵינוּ מֶלֶךְ הָעוֹלָם אֲשֶׁר
קִדְּשָׁנוּ בְּמִצְוֹתָיו וְצִוָּנוּ לְהַדְלִיק נֵר
שֶׁל חֲנֻכָּה

Connect the Hebrew word to its English translation:

our God	אַתָּה
the world	מֶלֶךְ
made us holy	בְּמִצְוֹתָיו
and commanded us	נֵר
that, who	בָּרוּךְ
candle	אֲשֶׁר
Lord (Adonai)	חֲנֻכָּה
Ruler or King	יְיָ
You	קִדְּשָׁנוּ
to light or kindle	לְהַדְלִיק
of	שֶׁל
Chanukah	אֱלֹהֵינוּ
blessed	הָעוֹלָם
by Your commandments	וְצִוָּנוּ

1. מְחַיֵּה הַכֹּל רַב לְהוֹשִׁיעַ מְכַלְכֵּל

2. בְּרַחֲמִים נוֹפְלִים וּמְקַיֵּם אֱמוּנָתוֹ

3. לִישֵׁנֵי עָפָר כָּמוֹכָה וּמַצְמִיחַ לְהַחֲיוֹת

4. חֲנֻכָּה כֻּפָּה חֻפָּתָם תַּנּוּחַ שֶׁרֶץ שֶׁטֶף

5. חֻמָּשׁ רָטֹב פֹּעַל חֵלֶק חֻפְשָׁה

6. חֻקַּת כַּלּוּחַ כָּלִיף עַכְשָׁיו כִּמְעַט

7. חֵפֶץ הֲפֹךְ כּוֹכָבִים בְּמַלְכוּתְךָ

8. יִמְלֹךְ צִיּוֹן הַלְלוּיָהּ אַהֲבָה אֲהַבְתָּנוּ

9. חָמַלְתָּ חֶלְקֵנוּ בְּתוֹרָתֶךָ הָרַחֲמָן שֻׁתָּפוּת

10. כּוֹתֶל כָּחוּשׁ כָּשֵׁר כִּשּׁוּף כָּחוֹל

בָּרוּךְ אַתָּה יְיָ אֱלֹהֵינוּ מֶלֶךְ הָעוֹלָם שֶׁעָשָׂה נִסִּים לַאֲבוֹתֵינוּ בַּיָּמִים הָהֵם בַּזְּמַן הַזֶּה

שׂ

Sin

has the sound of “S” as in **S**arah.

1. שִׂ שֵׂ שֶׂ שַׂ שַׂי שֱׂ שְׂ שׂוּ שׂוֹ

2. שָׂר שָׂם שַׂשׂ שָׂטָן שַׂרַי

3. שֶׂנֶה שָׂמֵחַ שְׂמֵחָה שִׂמְחָה

4. שָׂרָה שְׂכֵנוּת מַשְׂכֹּרֶת שַׂדְכָן הִשְׂכִּיר

5. שָׂוָה שֶׂבֶה שִׂטּוּף שָׂעוֹן שָׂדֶה

6. כְּעָשׂוּ הֶחֱלִיט שֶׁעָשָׂה לַאֲבוֹתֵיכֶם שׂוֹרֵק

If you have trouble remembering the difference between שׂ and שׁ:

When the captain is on the right-hand side of a boat, everything is ***shipshape***; if the captain is on the wrong side, the boat will ***sink***.

בָּרוּךְ אַתָּה יְיָ אֱלֹהֵינוּ מֶלֶךְ הָעוֹלָם שֶׁעָשָׂה נִסִּים לַאֲבוֹתֵינוּ בַּיָּמִים הָהֵם בַּזְּמַן הַזֶּה

ס

Samech

like שׂ has the sound of "S" as in **S**ukah סֻכָּה.

1. סַ סֵי סוּ סֹ סוֹ סֵי סֶ סִי סֻ
2. שַׂר סָר סִיר סַל נֵס פַּס דַשׁ
3. נִסִים שַׂס שָׂם פַּסִים טַיָּס כּוֹעֵס
4. מָטוֹס סָמֶךְ שָׂמֵחַ סְכָךְ לְהִסְתַּכֵּל
5. הִסְכִּים סִיכָה סִלְסֵל סַנְדָּק סוֹף שִׂין
6. סַפְסָל סֶרֶט הִסְפִּיק סִפְרִיָּה סָעִיף
7. סֻלָּם שָׁלוֹם שְׂכָר סֻכָּרִיּוֹת סֻכּוֹת

בָּרוּךְ אַתָּה יְיָ אֱלֹהֵינוּ מֶלֶךְ הָעוֹלָם שֶׁעָשָׂה נִסִּים לַאֲבוֹתֵינוּ בַּיָּמִים הָהֵם בַּזְּמַן הַזֶּה

ז

Zayin

has the sound of “z” as in Mazal Tov.

1. זֱ זֹ זְ זִ זֵ זֶ זָ זַי זוּ זוֹ
2. זָר אָז זַן זֶה פַּז
3. חַזָן הַזֶה זֹאת זָהֹב זֶבָח זוּז
4. זְגוּג צִיוֹן זָקֵן זְקֵנָה זָרִיז מִזְרָח
5. זְרוֹעַ הִזְמִין הַזְהָרָה זְמִירוֹת זְמַן
6. בַּחוּץ בְּכוֹרִים בִּכּוּר בֹּקֶר בֹּעַז
7. זָרַק צָחַק רוֹצֶה רָזֶה זְכוּת

The second blessing for חֲנֻכָּה:

בָּרוּךְ אַתָּה יְיָ אֱלֹהֵינוּ מֶלֶךְ הָעוֹלָם שֶׁעָשָׂה נִסִּים לַאֲבוֹתֵינוּ בַּיָּמִים הָהֵם בַּזְּמַן הַזֶּה

Blessed are You, Adonai our God, Ruler of the universe,
who performed miracles for our ancestors in days of old
at this season.

מַזָּל טוֹב

CONGRATULATIONS!

You now can read Hebrew – which is a blessing.

Let's celebrate by reading a very special blessing that we say at all happy occasions:

בָּרוּךְ אַתָּה יְיָ אֱלֹהֵינוּ מֶלֶךְ הָעוֹלָם שֶׁהֶחֱיָנוּ וְקִיְּמָנוּ וְהִגִּיעָנוּ לַזְּמַן הַזֶּה

Blessed are You, Adonai Our God, Ruler of the universe
for giving us life, for sustaining us, and for enabling us to
reach this season.

אָמֵן

HELPFUL HINTS

In some cases you may find a dagesh (dot) in some letters other than

בּ כּ פּ תּ. This is a matter of grammar and does not affect the

pronunciation of these other letters.

In some cases a Kamatz is pronounced "Oh" rather than "Ah." In this case the

Kamatz is called a Kamatz Katan. (There is also a Chataf Kamatz ⬜ which

sounds like "Oh" as well.) For instance, the Hebrew word for "all," כָּל , is

pronounced "Kol" not "Kal." At this point, however, there is no way for you to

recognize a Kamatz Katan. Therefore, it is usually safer to assume that

Kamatz is read "Ah."

וֹי sounds like "oy" as in **Boy**, וּי sounds like "oo-ee."

אֱלֹהֶיךָ = אֱלֹהֶיךְ The י is not pronounced after a ⬜.

If there is a dagesh (dot) in a Final Chaf, ךָּ , it is pronounced like a כּ as in

the word וִיחֻנֶּךָּ, "vichuneka."

If there is a dagesh (dot) in a ה at the end of a word, it is called a "mapik,"

and it tells us that the "h" sound is pronounced.

Now that you can read all these blessings, let's practice.

For the study of Torah:

בָּרוּךְ אַתָּה, יְיָ אֱלֹהֵינוּ, מֶלֶךְ הָעוֹלָם, אֲשֶׁר קִדְּשָׁנוּ בְּמִצְוֹתָיו וְצִוָּנוּ לַעֲסוֹק בְּדִבְרֵי תוֹרָה.

Over pastry:

בָּרוּךְ אַתָּה, יְיָ אֱלֹהֵינוּ, מֶלֶךְ הָעוֹלָם, בּוֹרֵא מִינֵי מְזוֹנוֹת.

Over fruits that grow on trees:

בָּרוּךְ אַתָּה, יְיָ אֱלֹהֵינוּ, מֶלֶךְ הָעוֹלָם, בּוֹרֵא פְּרִי הָעֵץ.

Over fruits and vegetables that grow in the soil:

בָּרוּךְ אַתָּה, יְיָ אֱלֹהֵינוּ, מֶלֶךְ הָעוֹלָם, בּוֹרֵא פְּרִי הָאֲדָמָה.

Over food other than bread, fruits, or vegetables, and over liquids other than wine:

בָּרוּךְ אַתָּה, יְיָ אֱלֹהֵינוּ, מֶלֶךְ הָעוֹלָם, שֶׁהַכֹּל נִהְיֶה בִּדְבָרוֹ.

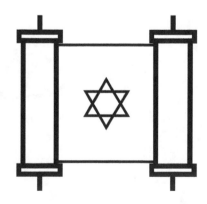

Blessings

On seeing lightning or other natural wonders:

בָּרוּךְ אַתָּה, יְיָ אֱלֹהֵינוּ, מֶלֶךְ הָעוֹלָם, עֹשֶׂה מַעֲשֵׂה בְרֵאשִׁית.

On hearing thunder:

בָּרוּךְ אַתָּה, יְיָ אֱלֹהֵינוּ, מֶלֶךְ הָעוֹלָם, שֶׁכֹּחוֹ וּגְבוּרָתוֹ מָלֵא עוֹלָם.

On seeing the ocean:

בָּרוּךְ אַתָּה, יְיָ אֱלֹהֵינוּ, מֶלֶךְ הָעוֹלָם, שֶׁעָשָׂה אֶת הַיָּם הַגָּדוֹל.

On seeing the beauties of nature:

בָּרוּךְ אַתָּה, יְיָ אֱלֹהֵינוּ, מֶלֶךְ הָעוֹלָם, שֶׁכָּכָה לוֹ בְּעוֹלָמוֹ.

On seeing a rainbow:

בָּרוּךְ אַתָּה, יְיָ אֱלֹהֵינוּ, מֶלֶךְ הָעוֹלָם, זוֹכֵר הַבְּרִית וְנֶאֱמָן בִּבְרִיתוֹ וְקַיָּם בְּמַאֲמָרוֹ.

Blessings

On seeing trees in blossom:

בָּרוּךְ אַתָּה, יְיָ אֱלֹהֵינוּ, מֶלֶךְ הָעוֹלָם, שֶׁלֹּא חִסַּר בְּעוֹלָמוֹ דָּבָר, וּבָרָא בוֹ
בְּרִיּוֹת טוֹבוֹת וְאִילָנוֹת טוֹבִים לְהַנּוֹת בָּהֶם בְּנֵי אָדָם.

On hearing good news:

בָּרוּךְ אַתָּה, יְיָ אֱלֹהֵינוּ, מֶלֶךְ הָעוֹלָם, הַטּוֹב וְהַמֵּטִיב.

The Havdalah Blessings

Over the Havdalah wine:

בָּרוּךְ אַתָּה, יְיָ אֱלֹהֵינוּ, מֶלֶךְ הָעוֹלָם, בּוֹרֵא פְּרִי הַגָּפֶן

Over the spice box:

בָּרוּךְ אַתָּה, יְיָ אֱלֹהֵינוּ, מֶלֶךְ הָעוֹלָם, בּוֹרֵא מִינֵי בְשָׂמִים.

Havdalah Blessings

Over the Havdalah candle:

בָּרוּךְ אַתָּה, יְיָ אֱלֹהֵינוּ, מֶלֶךְ הָעוֹלָם, בּוֹרֵא מְאוֹרֵי הָאֵשׁ.

For Havdalah:

בָּרוּךְ אַתָּה, יְיָ אֱלֹהֵינוּ, מֶלֶךְ הָעוֹלָם, הַמַּבְדִּיל בֵּין קֹדֶשׁ לְחוֹל, בֵּין אוֹר לְחֹשֶׁךְ, בֵּין יוֹם הַשְּׁבִיעִי לְשֵׁשֶׁת יְמֵי הַמַּעֲשֶׂה.

בָּרוּךְ אַתָּה, יְיָ, הַמַּבְדִּיל בֵּין קֹדֶשׁ לְחוֹל.

Kiddush for Erev Shabbat

בָּרוּךְ אַתָּה, יְיָ אֱלֹהֵינוּ, מֶלֶךְ הָעוֹלָם, בּוֹרֵא פְּרִי הַגָּפֶן.
בָּרוּךְ אַתָּה, יְיָ אֱלֹהֵינוּ, מֶלֶךְ הָעוֹלָם, אֲשֶׁר קִדְּשָׁנוּ בְּמִצְוֹתָיו וְרָצָה בָנוּ, וְשַׁבַּת קָדְשׁוֹ בְּאַהֲבָה וּבְרָצוֹן הִנְחִילָנוּ, זִכָּרוֹן לְמַעֲשֵׂה בְרֵאשִׁית. כִּי הוּא יוֹם תְּחִלָּה לְמִקְרָאֵי קֹדֶשׁ, זֵכֶר לִיצִיאַת מִצְרָיִם. כִּי־בָנוּ בָחַרְתָּ וְאוֹתָנוּ קִדַּשְׁתָּ מִכָּל־הָעַמִּים,

וְשַׁבַּת קָדְשְׁךָ בְּאַהֲבָה וּבְרָצוֹן הִנְחַלְתָּנוּ. בָּרוּךְ אַתָּה, יְיָ, מְקַדֵּשׁ הַשַּׁבָּת.

The Torah Blessings

Before the Reading of the Torah:

בָּרְכוּ אֶת־יְיָ הַמְבֹרָךְ!

בָּרוּךְ יְיָ הַמְבֹרָךְ לְעוֹלָם וָעֶד!

בָּרוּךְ אַתָּה, יְיָ אֱלֹהֵינוּ, מֶלֶךְ הָעוֹלָם, אֲשֶׁר בָּחַר־בָּנוּ מִכָּל־הָעַמִּים
וְנָתַן־לָנוּ אֶת תּוֹרָתוֹ. בָּרוּךְ אַתָּה, יְיָ, נוֹתֵן הַתּוֹרָה.

After the Reading of the Torah:

בָּרוּךְ אַתָּה, יְיָ אֱלֹהֵינוּ, מֶלֶךְ הָעוֹלָם, אֲשֶׁר נָתַן לָנוּ תּוֹרַת אֱמֶת וְחַיֵּי
עוֹלָם נָטַע בְּתוֹכֵנוּ. בָּרוּךְ אַתָּה, יְיָ, נוֹתֵן הַתּוֹרָה.

Before the Reading of the Haftarah:

בָּרוּךְ אַתָּה, יְיָ אֱלֹהֵינוּ, מֶלֶךְ הָעוֹלָם, אֲשֶׁר בָּחַר בִּנְבִיאִים טוֹבִים וְרָצָה
בְדִבְרֵיהֶם הַנֶּאֱמָרִים בֶּאֱמֶת. בָּרוּךְ אַתָּה, יְיָ, הַבּוֹחֵר בַּתּוֹרָה וּבְמשֶׁה עַבְדּוֹ
וּבְיִשְׂרָאֵל עַמּוֹ וּבִנְבִיאֵי הָאֱמֶת וָצֶדֶק.

After the Reading of the Haftarah:

בָּרוּךְ אַתָּה, יְיָ אֱלֹהֵינוּ, מֶלֶךְ הָעוֹלָם, צוּר כָּל־הָעוֹלָמִים, צַדִּיק בְּכָל־הַדּוֹרוֹת, הָאֵל הַנֶּאֱמָן, הָאוֹמֵר וְעוֹשֶׂה, הַמְדַבֵּר וּמְקַיֵּם, שֶׁכָּל־דְּבָרָיו אֱמֶת וָצֶדֶק.

עַל־הַתּוֹרָה וְעַל־הָעֲבוֹדָה וְעַל־הַנְּבִיאִים וְעַל־יוֹם הַשַּׁבָּת הַזֶּה, שֶׁנָּתַתָּ־לָנוּ, יְיָ אֱלֹהֵינוּ, לִקְדֻשָּׁה וְלִמְנוּחָה, לְכָבוֹד וּלְתִפְאָרֶת, עַל־הַכֹּל, יְיָ אֱלֹהֵינוּ, אֲנַחְנוּ מוֹדִים לָךְ, וּמְבָרְכִים אוֹתָךְ. יִתְבָּרַךְ שִׁמְךָ בְּפִי כָּל־חַי תָּמִיד לְעוֹלָם וָעֶד.

בָּרוּךְ אַתָּה, יְיָ, מְקַדֵּשׁ הַשַּׁבָּת.

Blessing for Putting Up a Mezuzah

בָּרוּךְ אַתָּה, יְיָ אֱלֹהֵינוּ, מֶלֶךְ הָעוֹלָם, אֲשֶׁר קִדְּשָׁנוּ בְּמִצְוֹתָיו וְצִוָּנוּ לִקְבּוֹעַ מְזוּזָה.

The mezuzah is affixed to the upper part of the doorpost. It is placed on the right-hand side as you enter the house, with its top inclining inward.

Now you can recite the FOUR QUESTIONS from the Passover Haggadah at a seder!

מַה נִּשְׁתַּנָּה הַלַּיְלָה הַזֶּה מִכָּל הַלֵּילוֹת?

שֶׁבְּכָל הַלֵּילוֹת אָנוּ אוֹכְלִין חָמֵץ וּמַצָּה, הַלַּיְלָה הַזֶּה כֻּלּוֹ מַצָּה.

שֶׁבְּכָל הַלֵּילוֹת אָנוּ אוֹכְלִין שְׁאָר יְרָקוֹת, הַלַּיְלָה הַזֶּה מָרוֹר.

שֶׁבְּכָל הַלֵּילוֹת אֵין אָנוּ מַטְבִּילִין אֲפִילוּ פַּעַם אֶחָת, הַלַּיְלָה הַזֶּה שְׁתֵּי פְּעָמִים.

שֶׁבְּכָל הַלֵּילוֹת אָנוּ אוֹכְלִין בֵּין יוֹשְׁבִין וּבֵין מְסֻבִּין, הַלַּיְלָה הַזֶּה כֻּלָּנוּ מְסֻבִּין.

Why is this night different from all the other nights?

On all other nights, we eat either leavened bread or matzah; on this night–only matzah.

On all other nights, we eat all kinds of herbs; on this night, we especially eat bitter herbs.

On all other nights, we do not dip herbs at all; on this night we dip them twice.

On all other nights, we eat in an ordinary manner; tonight we dine with special ceremony.

Now you can read all these prayers from our prayer book as well:

Barechu

בָּרְכוּ אֶת־יְיָ הַמְבֹרָךְ!

בָּרוּךְ יְיָ הַמְבֹרָךְ לְעוֹלָם וָעֶד!

Shema

שְׁמַע יִשְׂרָאֵל: יְיָ אֱלֹהֵינוּ, יְיָ אֶחָד!

בָּרוּךְ שֵׁם כְּבוֹד מַלְכוּתוֹ לְעוֹלָם וָעֶד!

Ve'ahavta

וְאָהַבְתָּ אֵת יְיָ אֱלֹהֶיךָ בְּכָל־לְבָבְךָ וּבְכָל־נַפְשְׁךָ וּבְכָל־מְאֹדֶךָ. וְהָיוּ
הַדְּבָרִים הָאֵלֶּה, אֲשֶׁר אָנֹכִי מְצַוְּךָ הַיּוֹם, עַל־לְבָבֶךָ. וְשִׁנַּנְתָּם לְבָנֶיךָ,
וְדִבַּרְתָּ בָּם בְּשִׁבְתְּךָ בְּבֵיתֶךָ, וּבְלֶכְתְּךָ בַדֶּרֶךְ, וּבְשָׁכְבְּךָ וּבְקוּמֶךָ.

וּקְשַׁרְתָּם לְאוֹת עַל־יָדֶךָ, וְהָיוּ לְטֹטָפֹת בֵּין עֵינֶיךָ, וּכְתַבְתָּם עַל־מְזֻזוֹת
בֵּיתֶךָ, וּבִשְׁעָרֶיךָ.

לְמַעַן תִּזְכְּרוּ וַעֲשִׂיתֶם אֶת־כָּל־מִצְוֹתָי, וִהְיִיתֶם קְדֹשִׁים לֵאלֹהֵיכֶם. אֲנִי יְיָ
אֱלֹהֵיכֶם, אֲשֶׁר הוֹצֵאתִי אֶתְכֶם מֵאֶרֶץ מִצְרַיִם לִהְיוֹת לָכֶם לֵאלֹהִים, אֲנִי
יְיָ אֱלֹהֵיכֶם.

Mi Chamochah

מִי־כָמֹכָה בָּאֵלִים, יְיָ?

מִי כָּמֹכָה, נֶאְדָּר בַּקֹּדֶשׁ,

נוֹרָא תְהִלֹּת, עֹשֵׂה פֶלֶא?

68

Veshamru

וְשָׁמְרוּ בְנֵי־יִשְׂרָאֵל אֶת־הַשַּׁבָּת, לַעֲשׂוֹת אֶת־הַשַּׁבָּת לְדֹרֹתָם בְּרִית עוֹלָם. בֵּינִי וּבֵין בְּנֵי יִשְׂרָאֵל אוֹת הִיא לְעֹלָם, כִּי שֵׁשֶׁת יָמִים עָשָׂה יְיָ אֶת־הַשָּׁמַיִם וְאֶת־הָאָרֶץ, וּבַיּוֹם הַשְּׁבִיעִי שָׁבַת וַיִּנָּפַשׁ.

Avot V'imahot

בָּרוּךְ אַתָּה, יְיָ, אֱלֹהֵינוּ וֵאלֹהֵי אֲבוֹתֵינוּ וְאִמּוֹתֵינוּ, אֱלֹהֵי אַבְרָהָם, אֱלֹהֵי יִצְחָק, וֵאלֹהֵי יַעֲקֹב, אֱלֹהֵי שָׂרָה, אֱלֹהֵי רִבְקָה, אֱלֹהֵי רָחֵל וֵאלֹהֵי לֵאָה. הָאֵל הַגָּדוֹל, הַגִּבּוֹר, וְהַנּוֹרָא, אֵל עֶלְיוֹן.

גּוֹמֵל חֲסָדִים טוֹבִים, וְקוֹנֵה הַכֹּל, וְזוֹכֵר חַסְדֵי אָבוֹת וְאִמָּהוֹת, וּמֵבִיא גוֹאֵל/גְּאֻלָּה לִבְנֵי בְנֵיהֶם, לְמַעַן שְׁמוֹ, בְּאַהֲבָה. מֶלֶךְ עוֹזֵר/וּפֹקֵד וּמוֹשִׁיעַ וּמָגֵן. בָּרוּךְ אַתָּה, יְיָ, מָגֵן אַבְרָהָם וּפֹקֵד/וְעֶזְרַת שָׂרָה.

Aleinu

עָלֵינוּ לְשַׁבֵּחַ לַאֲדוֹן הַכֹּל, לָתֵת גְּדֻלָּה לְיוֹצֵר בְּרֵאשִׁית, שֶׁלֹּא עָשָׂנוּ כְּגוֹיֵי הָאֲרָצוֹת, וְלֹא שָׂמָנוּ כְּמִשְׁפְּחוֹת הָאֲדָמָה; שֶׁלֹּא שָׂם חֶלְקֵנוּ כָּהֶם, וְגֹרָלֵנוּ כְּכָל־הֲמוֹנָם. וַאֲנַחְנוּ כּוֹרְעִים וּמִשְׁתַּחֲוִים וּמוֹדִים לִפְנֵי מֶלֶךְ מַלְכֵי הַמְּלָכִים, הַקָּדוֹשׁ בָּרוּךְ הוּא.

Oseh Shalom

עֹשֶׂה שָׁלוֹם בִּמְרוֹמָיו, הוּא יַעֲשֶׂה שָׁלוֹם עָלֵינוּ וְעַל־כָּל־יִשְׂרָאֵל, וְאִמְרוּ: אָמֵן.

אָלֶף-בֵּית

CHART OF THE HEBREW ALPHABET

Page	Sounds Like	Letter Name	Hebrew Name	Hebrew Letter
8	silent	Alef	אָלֶף	א
1	b	Bet	בֵּית	בּ
49	v	Vet	בֵית	ב
30	g	Gimel	גִּימֶל	ג
41	d	Dalet	דָּלֶת	ד
11	h	Hei	הֵא	ה
43	v	Vav	וָו	ו
58	z	Zayin	זַיִן	ז
35	ch	Chet	חֵית	ח
48	t	Tet	טֵית	ט
13	y	Yod	יוֹד	י
53	k	Kaf	כַּף	כּ
6	ch	Chaf	כָף	כ
6	ch	Final Chaf	כָף סוֹפִית	ךְ
17	l	Lamed	לָמֶד	ל

Page	Sounds Like	Letter Name	Hebrew Name	Hebrew Letter
21	m	Mem	מֵם	מ
21	m	Final Mem	מֵם סוֹפִית	ם
20	n	Nun	נוּן	נ
20	n	Final Nun	נוּן סוֹפִית	ן
57	s	Samech	סָמֶךְ	ס
23	silent	Ayin	עַיִן	ע
27	p	Pei	פֵּא	פּ
31	f	Fei	פֵא	פ
31	f	Final Fei	פֵא סוֹפִית	ף
34	tz	Tzadi	צָדִי	צ
34	tz	Final Tzadi	צָדִי סוֹפִית	ץ
40	k	Kof	קוֹף	ק
3	r	Reish	רֵשׁ	ר
39	sh	Shin	שִׁין	שׁ
56	s	Sin	שִׂין	שׂ
10	t	Tav	תָּו	תּ
10	t	Tav	תָו	ת

VOWEL CHART

Page	Sounds Like	Vowel Name	Hebrew Name	Vowel
9	ah	Patach	פַּתָּח	◌ַ
52	oo or u	Kubutz	קִבּוּץ	◌ֻ
28	ee	Chirik	חִירִיק	◌ִ
16	eh	Segol	סֶגוֹל	◌ֶ
2	ah	Kamatz	קָמָץ	◌ָ
19	ay	Tzeirei	צֵירֵי	◌ֵ
18	oh	Cholam	חוֹלָם	וֹ or ◌ֹ
4	oo or u	Shuruk	שׁוּרוּק	וּ
5	i or placeholder	Sheva	שְׁוָא	◌ְ
39	ah	Chataf Patach	חֲטַף פַּתָּח	◌ֲ
16	eh	Chataf Segol	חֲטַף סֶגוֹל	◌ֱ
60	oh	Chataf Kamatz	חֲטַף קָמָץ	◌ֳ
60	oh	Kamatz Katan	קָמָץ קָטָן	◌ָ